Impressum
Verlag: BABADADA GmbH, Nedderfeld 112 , 22529 Hamburg
Geschäftsführer / Verlagsleitung: Harald Hof
Druck: Books on Demand GmbH, In de Tarpen 42, 22848 Norderstedt

Imprint
Publisher: BABADADA GmbH, Nedderfeld 112 , 22529 Hamburg, Germany
Managing Director / Publishing direction: Harald Hof
Print: Books on Demand GmbH, In de Tarpen 42, 22848 Norderstedt

okul

escola

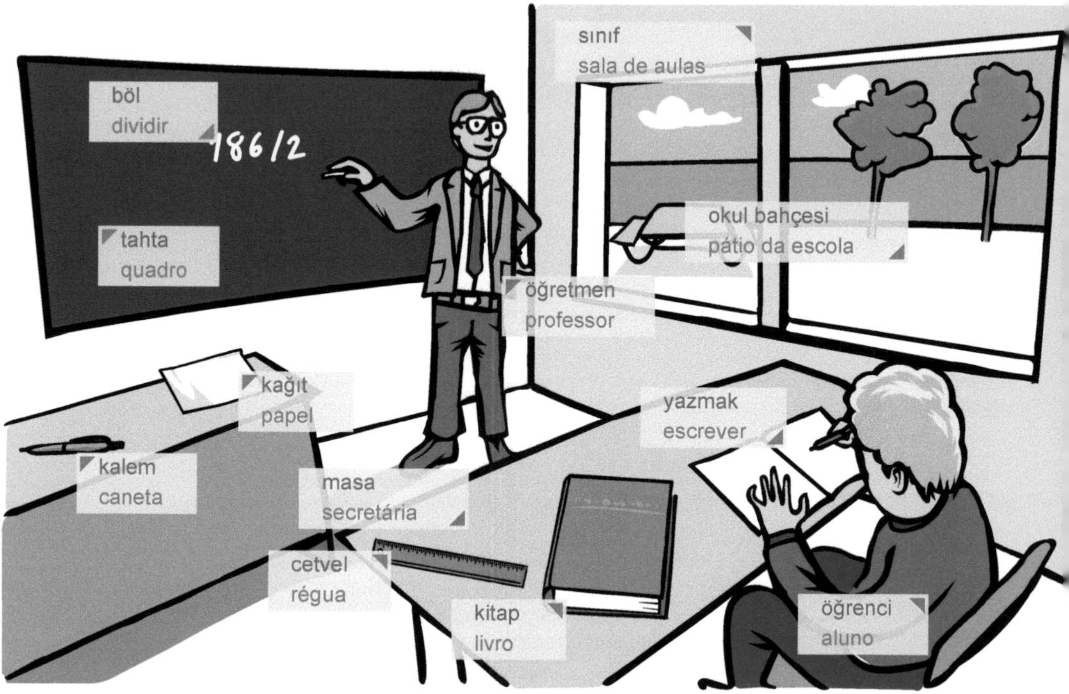

sınıf
sala de aulas
böl
dividir
186/2
tahta
quadro
okul bahçesi
pátio da escola
öğretmen
professor
kağıt
papel
yazmak
escrever
kalem
caneta
masa
secretária
cetvel
régua
kitap
livro
öğrenci
aluno

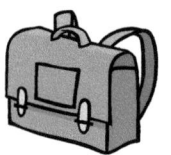

okul çantası
mochila

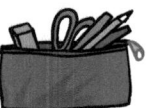

kalemlik
estojo de lápis

kurşun kalem
lápis

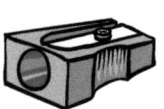

kalem açacağı
afia-lápis

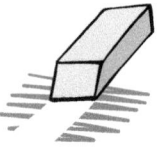

silgi
borracha

çizim defteri
bloco de desenho

çizim
desenho

resim fırçası
pincel

boya kutusu
caixa de tintas

makas
tesoura

tutkal
cola

alıştırma kitabı
livro de exercícios

ödev
trabalhos de casa

sayı
número

ekle
somar

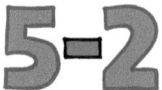

çıkar
subtrair

çarp
multiplicar

hesapla
calcular

harf
letra

alfabe
alfabeto

kelime
palavra

metin

texto

okumak

ler

tebeşir

giz

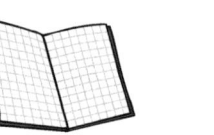

ders

hora

kayıt

registo de presenças

sınav

exame

sertifika

certificado

okul forması

uniforme escolar

eğitim

educação

ansiklopedi

enciclopédia

üniversite

universidade

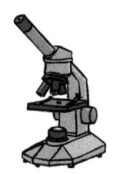

mikroskop

microscópio

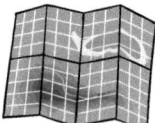

harita

mapa

kağıt çöp kutusu

cesto de lixo

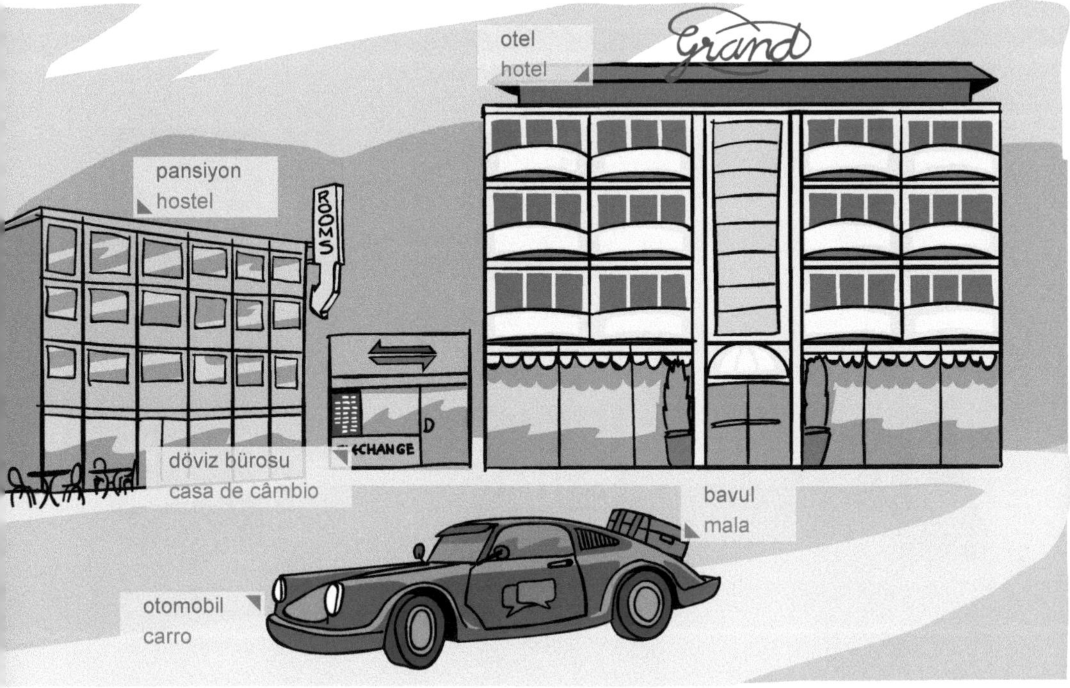

otel
hotel
Grand
pansiyon
hostel
ROOMS
döviz bürosu
casa de câmbio
EXCHANGE
bavul
mala
otomobil
carro

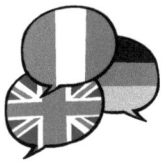

dil

idioma

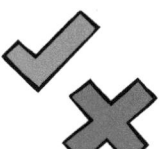

evet / hayır

sim / não

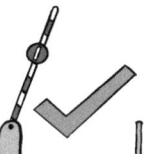

Tamam

ok / certo / correto

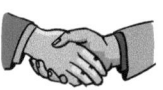

merhaba

olá

çevirmen

intérprete

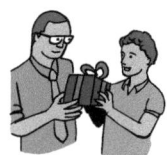

Teşekkür ederim

obrigado

bu ... ne kadar?

quanto é que custa... ?

anlamadım

não entendo

problem

problema

İyi akşamlar!

boa noite!

Günaydın!

Bom dia!

İyi geceler!

Boa noite!

güle güle

adeus

yön

direção

bagaj

bagagem

çanta

saco

sırt çantası

mochila

misafir

convidado

oda

quarto

uyku tulumu

saco-cama

çadır

tenda

turist danışma

informação turística

sahil

praia

kredi kartı

cartão de crédito

kahvaltı

pequeno-almoço

öğle yemeği

almoço

akşam yemeği

jantar

Bilet

bilhete

asansör

elevador

pul

selo postal

sınır

fronteira

gümrük

alfândega

elçilik

embaixada

vize

visto

pasaport

passaporte

ulaşım
transporte

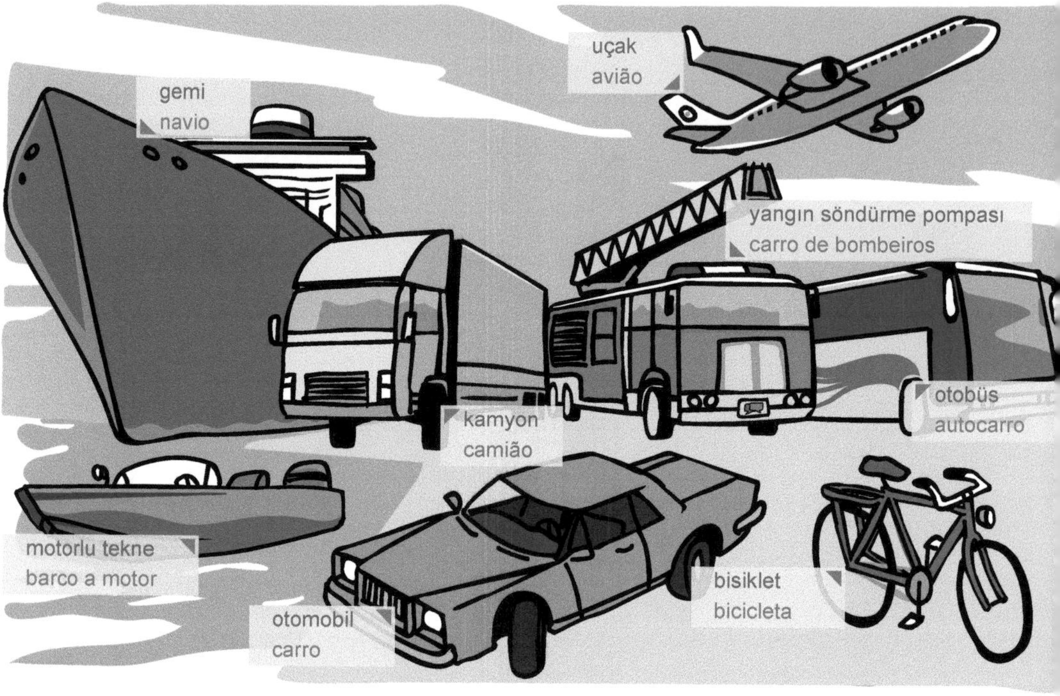

uçak
avião
gemi
navio
yangın söndürme pompası
carro de bombeiros
kamyon
camião
otobüs
autocarro
motorlu tekne
barco a motor
bisiklet
bicicleta
otomobil
carro

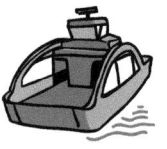

feribot

cacilheiro

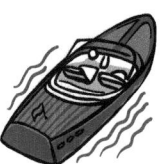

bot

barco

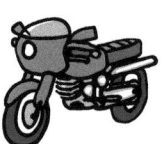

motosiklet

mota

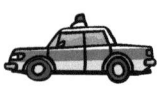

polis arabası

carro de polícia

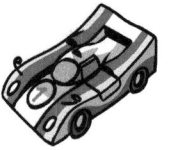

yarış arabası

carro de corrida

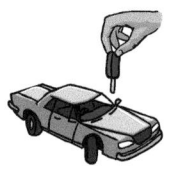

kiralık araba

carro alugado

ortak araba

carsharing

çekici

camião de reboque

çöp kamyonu

camião do lixo

motor

motor

yakıt

combustível

benzinlik

estação de serviço

trafik işareti

sinal de trânsito

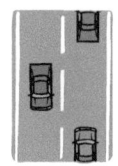

trafik

trânsito

trafik sıkışıklığı

congestionamento de trânsito

otopark

parque de estacionamento

tren istasyonu

estação ferroviária

ray

carris

tren

comboio

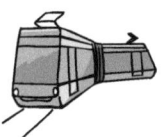

tramvay

elétrico

vagon

carruagem

helikopter

helicóptero

havaalanı

aeroporto

kule

torre

yolcu

passageiro

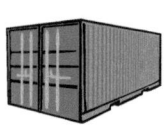

konteyner

contentor

koli

caixa de papelão

yük arabası

carrinho

sepet

cesto

kalkış / iniş

levantar voo / aterrar

şehir
cidade

köy

aldeia

şehir merkezi

centro da cidade

ev

casa

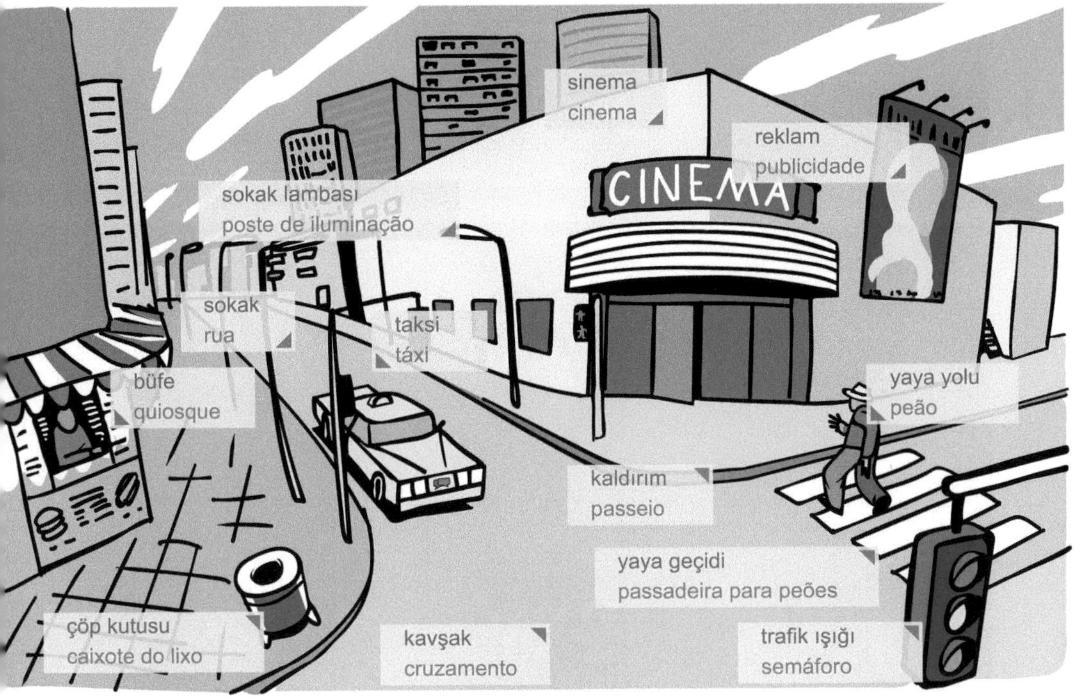

sinema
cinema

reklam
publicidade

sokak lambası
poste de iluminação

sokak
rua

taksi
táxi

büfe
quiosque

yaya yolu
peão

kaldırım
passeio

yaya geçidi
passadeira para peões

çöp kutusu
caixote do lixo

kavşak
cruzamento

trafik ışığı
semáforo

CINEMA

kulübe

cabana

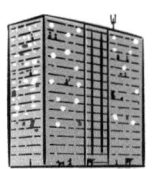

apartman dairesi

apartamento

tren istasyonu

estação ferroviária

belediye binası

câmara municipal

müze

museu

okul

escola

üniversite
universidade

banka
banco

hastane
hospital

otel
hotel

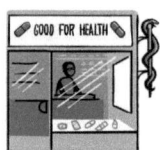

eczane
farmácia

ofis
escritório

kitapçı
livraria

mağaza
loja

çiçekçi
florista

süpermarket
supermercado

market
mercado

büyük mağaza
loja de departamentos

balık satıcısı
peixaria

alışveriş merkezi
centro comercial

liman
porto

şehir - cidade

park
parque

bank
banco

köprü
ponte

merdiven
escadas

metro
metro

tünel
túnel

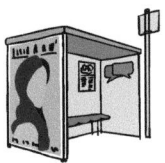

otobüs durağı
paragem de autocarro

bar
bar

restoran
restaurante

posta kutusu
caixa de correio

sokak tabelası
sinal de trânsito

otopark sayacı
parquímetro

hayvanat bahçesi
jardim zoológico

yüzme havuzu
piscina

cami
mesquita

çiftlik
quinta

kirlilik
poluição

mezarlık
cemitério

kilise
igreja

oyun alanı
parque infantil

tapınak
templo

arazi

paisagem

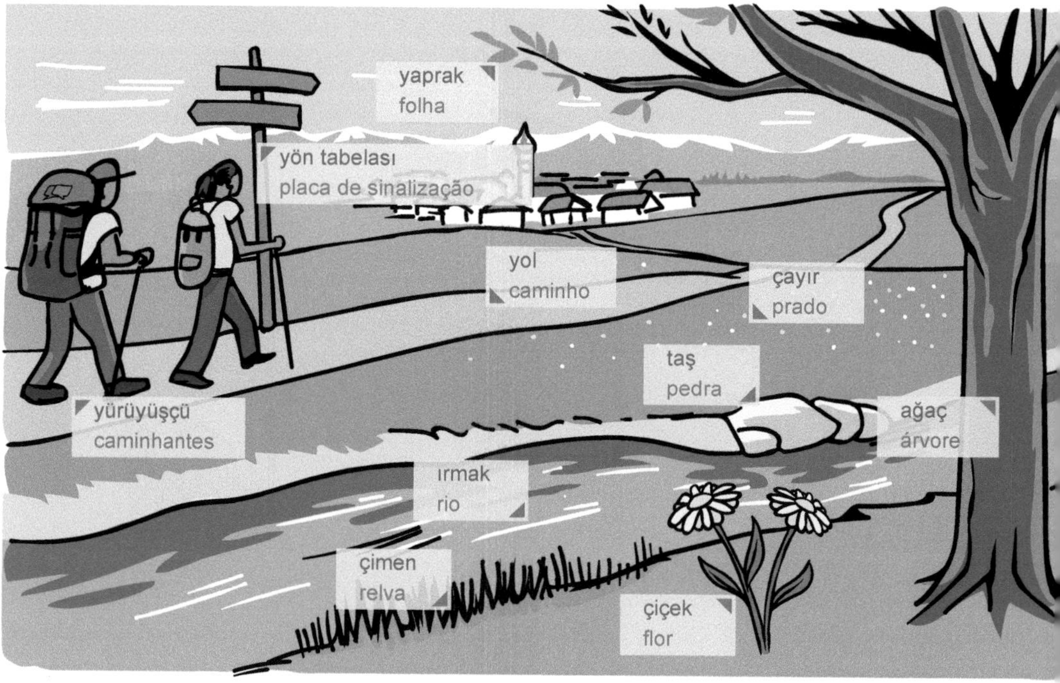

yaprak
folha

yön tabelası
placa de sinalização

yol
caminho

çayır
prado

taş
pedra

ağaç
árvore

yürüyüşçü
caminhantes

ırmak
rio

çimen
relva

çiçek
flor

vadi
vale

tepe
montanha

göl
lago

orman
floresta

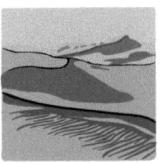

çöl
deserto

volkan
vulcão

kale
castelo

gökkuşağı
arco-íris

mantar
cogumelo

palmiye
palma

sivrisinek
mosquito

sinek
mosca

karınca
formiga

arı
abelha

örümcek
aranha

arazi - paisagem

15

böcek

besouro

kurbağa

sapo

sincap

esquilo

kirpi

ouriço

yabani tavşan

lebre

baykuş

coruja

kuş

pássaro

kuğu

cisne

yaban domuzu

javali

geyik

veado

geyik

alce

baraj

barragem

rüzgar türbini

turbina eólica

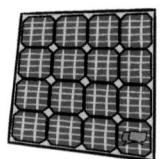

güneş paneli

painel solar

iklim

clima

restoran
restaurante

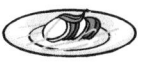

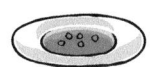

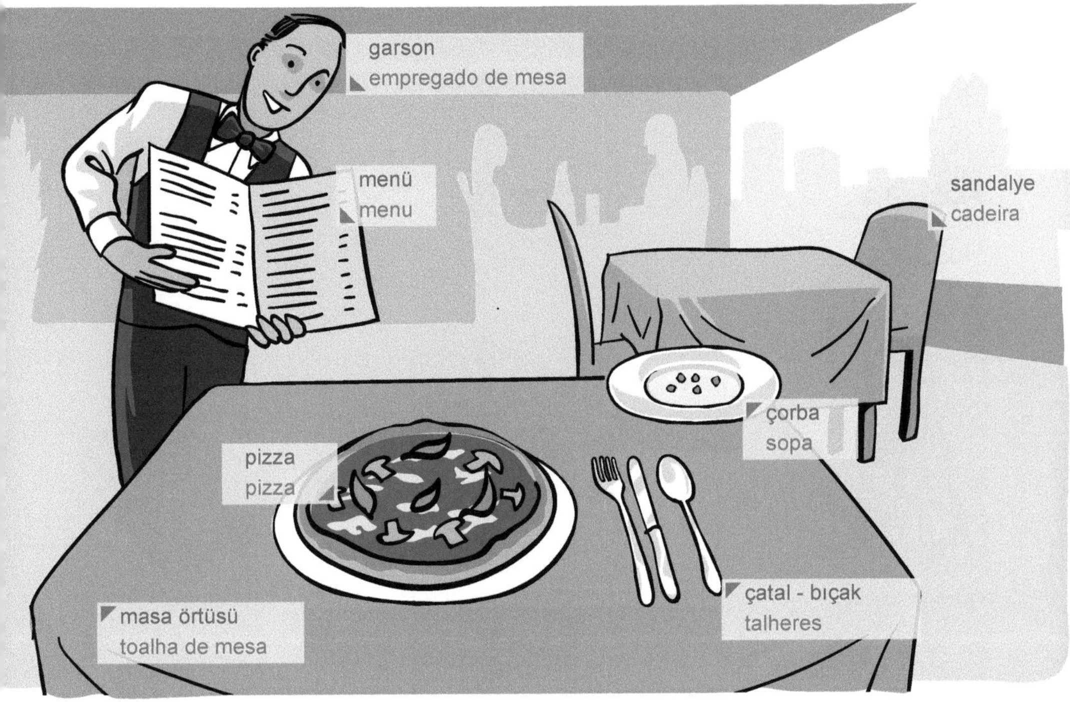

garson
empregado de mesa
menü
menu
sandalye
cadeira
çorba
sopa
pizza
pizza
masa örtüsü
toalha de mesa
çatal - bıçak
talheres

başlangıç

entrada

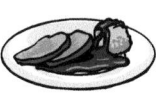

ana yemek

prato principal

tatlı

sobremesa

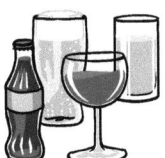

içecekler

bebidas

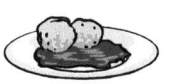

yemek

comida

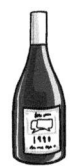

şişe

garrafa

fastfood

fast food

sokak yemeği

comida de rua

çaydanlık

bule de chá

şekerlik

açucareiro

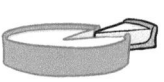

porsiyon

porção

espresso makinesi

máquina de café expresso

mama sandalyesi

cadeira alta

fatura

conta

tepsi

bandeja

bıçak

faca

çatal

garfo

kaşık

colher

çay kaşığı

colher de chá

servis peçetesi

guardanapo

bardak

copo

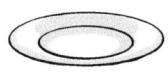

tabak

prato

çorba kasesi

prato de sopa

fincan altlığı

pires

sos

molho

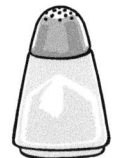

tuzluk

saleiro

karabiber değirmeni

moinho de pimenta

sirke

vinagre

yağ

óleo

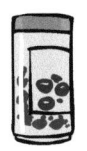 

baharat

especiarias

ketçap

ketchup

hardal

mostarda

mayonez

maionese

süpermarket
supermercado

özel teklif
oferta especial
FOR
müşteri
cliente
süt ürünleri
laticínios
meyve
fruta
alışveriş arabası
carrinho de compras

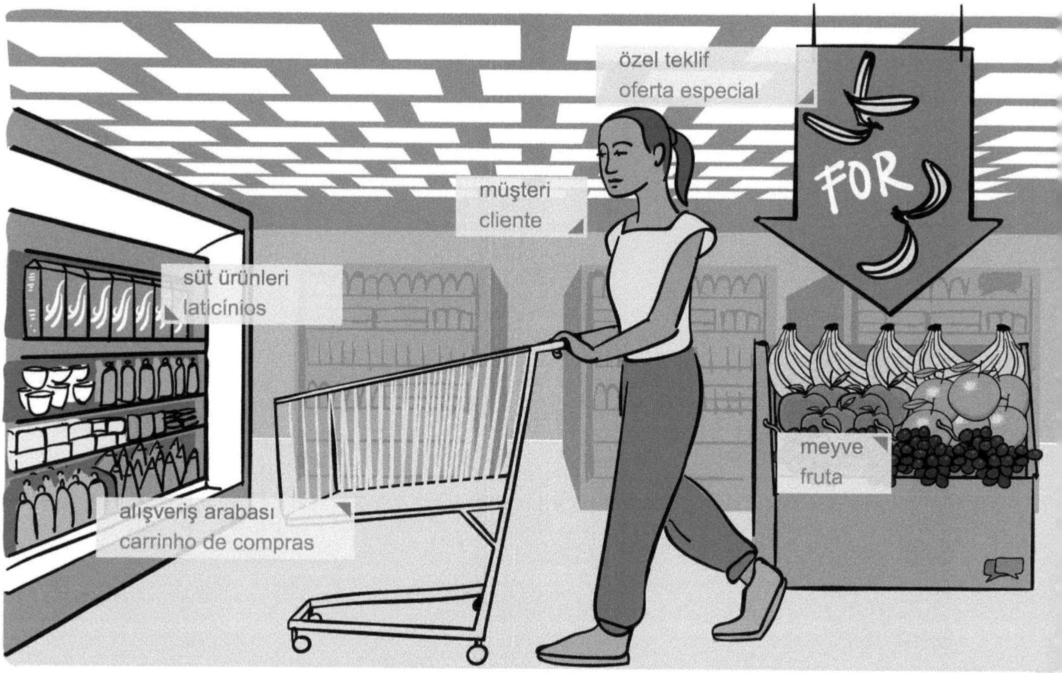

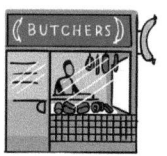

BUTCHERS

kasap

talho

BAKERY

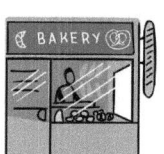

fırın

padaria

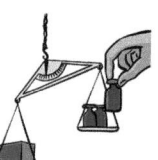

tartmak

pesar

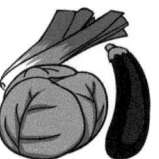

sebze

vegetais

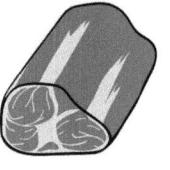

et

carne

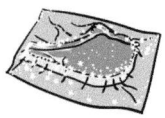

donmuş gıda

alimentos congelados

söğüş et	konserve yiyecek	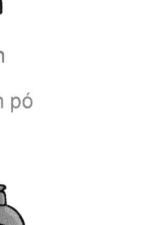 toz deterjan
charcutaria	comida enlatada	detergente em pó
 şekerlemeler	 ev temizlik ürünleri	 temizlik ürünleri
doces	artigos domésticos	produtos de limpeza
 satış görevlisi	 yazar kasa	 kasiyer
vendedora	caixa	caixa
 alışveriş listesi	 açılış saatleri	 cüzdan
lista de compras	horário de funcionamento	carteira
kredi kartı	çanta	plastik poşet
cartão de crédito	saco	saco de plástico

su

água

meyve suyu

sumo

süt

leite

kola

coca-cola

şarap

vinho

bira

cerveja

alkol

álcool

kakao

cacau

çay

chá

kahve

café

espresso

café expresso

kapuçino

capuccino

muz

banana

elma

maçã

portakal

laranja

kavun

melão

limon

limão

havuç

cenoura

sarımsak

alho

bambu

bambu

soğan

cebola

mantar

cogumelo

çerez

nozes

makarna

talharim

spagetti

esparguete

pirinç

arroz

salata

salada

cips

batatas fritas

patates kızartması

batatas fritas

pizza

pizza

hamburger

hambúrguer

sandviç

sanduíche

şinitzel

bife panado

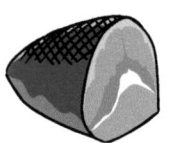

pastırma

fiambre

salam

salame

sosis

salsicha

tavuk

galinha

rosto

assado

balık

peixe

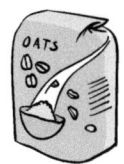

yulaf ezmesi

flocos de aveia

müsli

muesli

mısır gevreği

flocos de milho

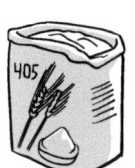

un

farinha

kruvasan

croissant

küçük ekmek

carcaça (pãozinho)

ekmek

pão

tost

torrada

bisküvi

biscoitos

tereyağı

manteiga

kaymak

requeijão

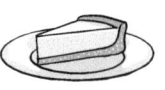

kek

bolo

yumurta

ovo

sahanda yumurta

ovo estrelado

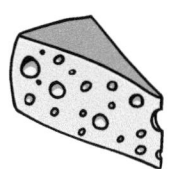

peynir

queijo

yemek - comida

dondurma

gelado

şeker

açúcar

bal

mel

reçel

compota

fındık ezmesi

creme de nougat

köri

caril

çiftlik
quinta

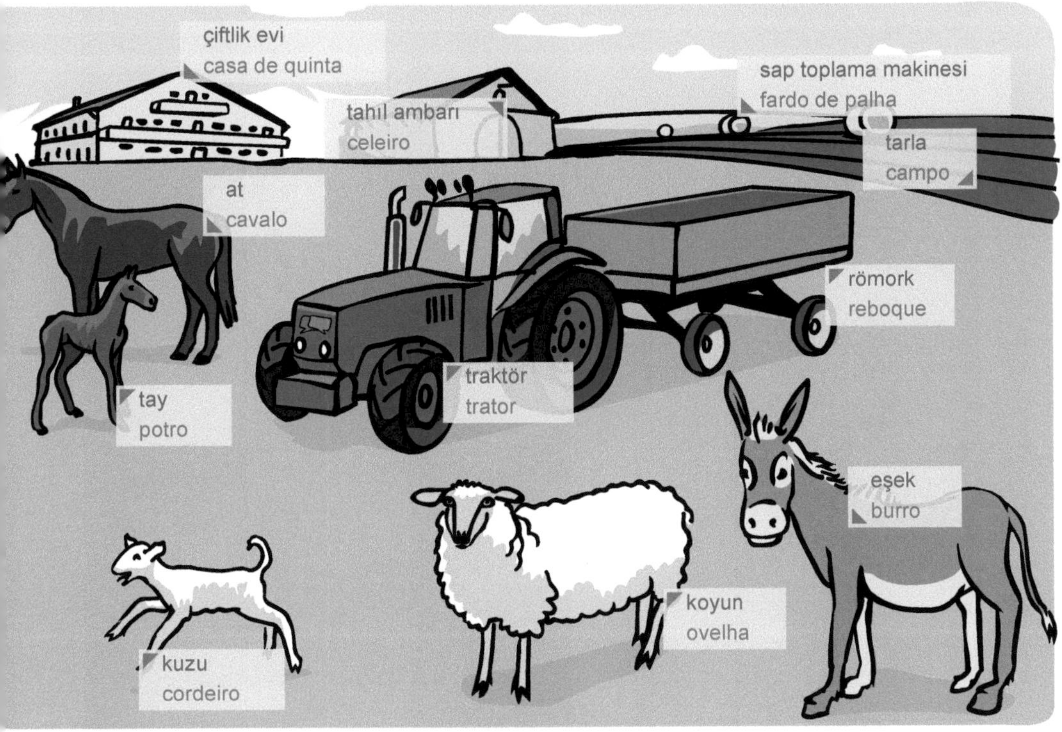

çiftlik evi
casa de quinta
tahıl ambarı
celeiro
sap toplama makinesi
fardo de palha
tarla
campo
at
cavalo
römork
reboque
tay
potro
traktör
trator
eşek
burro
koyun
ovelha
kuzu
cordeiro

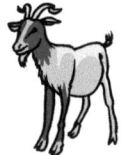

keçi
cabra

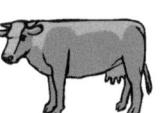

inek
vaca

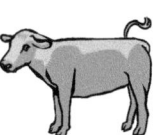

buzağı
bezerro

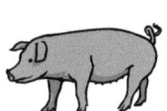

domuz
porco

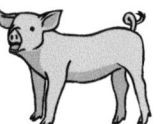

domuz yavrusu
leitão

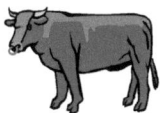

boğa
touro

kaz
ganso

ördek
pato

civciv
pintaínho

tavuk
galinha

horoz
galo

sıçan
ratazana

kedi
gato

fare
rato

öküz
boi

köpek
cão

köpek kulübesi
casota

bahçe hortumu
mangueira de jardim

sulama kabı
regador

tırpan
foice

pulluk
arado

orak

foice

çapa

enxada

dirgen

forquilha

balta

machado

el arabası

carrinho de mão

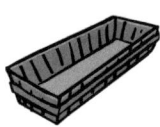

yemlik

manjedoura

süt kovası

jarro de leite

çuval

saco

çit

cerca

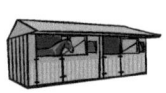

ahır

estábulo

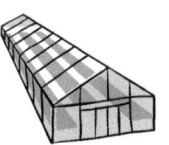

sera

estufa

toprak

solo

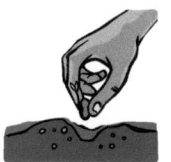

tohum

semente

gübre

fertilizante

biçerdöver

ceifeira-debulhadora

hasat etmek

colher

harman

colheita

tatlı patates

inhame

buğday

trigo

soya

soja

patates

batata

mısır

milho

kolza

colza

meyve ağacı

árvore de fruto

manyok

mandioca

hububat

cereais

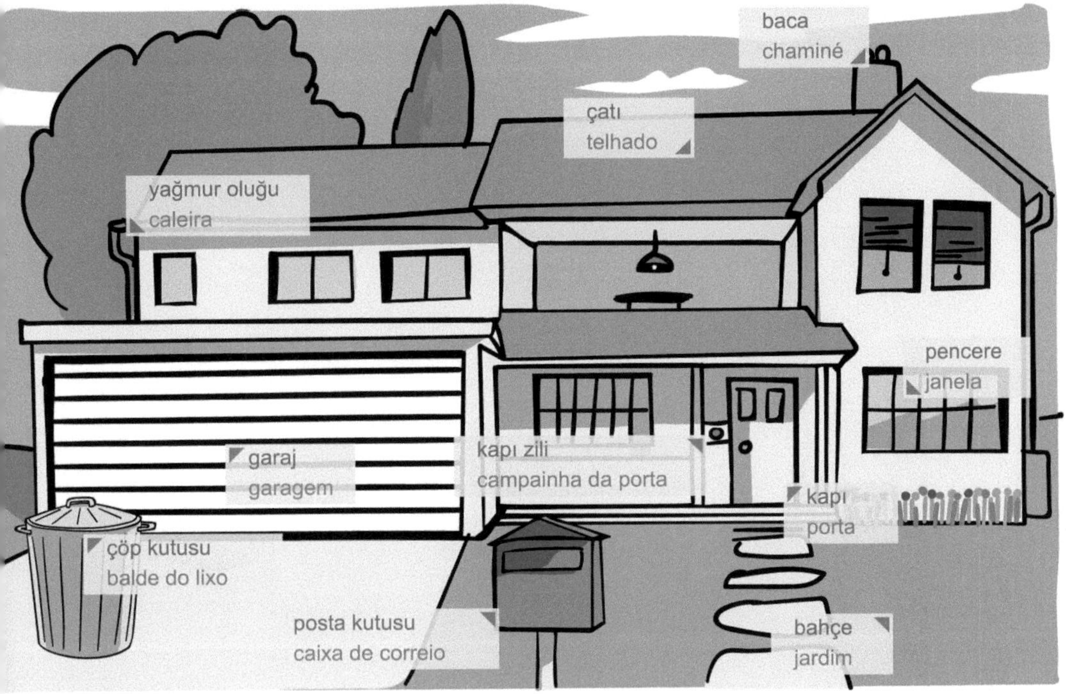

baca
chaminé

çatı
telhado

yağmur oluğu
caleira

pencere
janela

garaj
garagem

kapı zili
campainha da porta

kapı
porta

çöp kutusu
balde do lixo

posta kutusu
caixa de correio

bahçe
jardim

oturma odası

sala de estar

banyo

casa de banho

mutfak

cozinha

yatak odası

quarto de dormir

çocuk odası

quarto de criança

yemek odası

sala de jantar

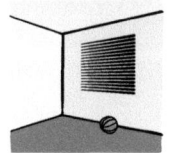

zemin
chão

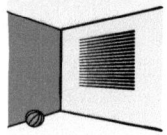

duvar
parede

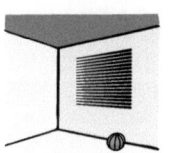

tavan
teto

kiler
cave

sauna
sauna

balkon
varanda

teras
terraço

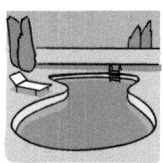

havuz
piscina

çim biçme makinesi
máquina de cortar relvado

çarşaf
lençol

yatak örtüsü
cobertor

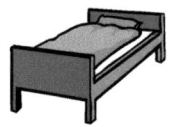

yatak
cama

süpürge
vassoura

kova
balde

anahtar
interruptor

oturma odası
sala de estar

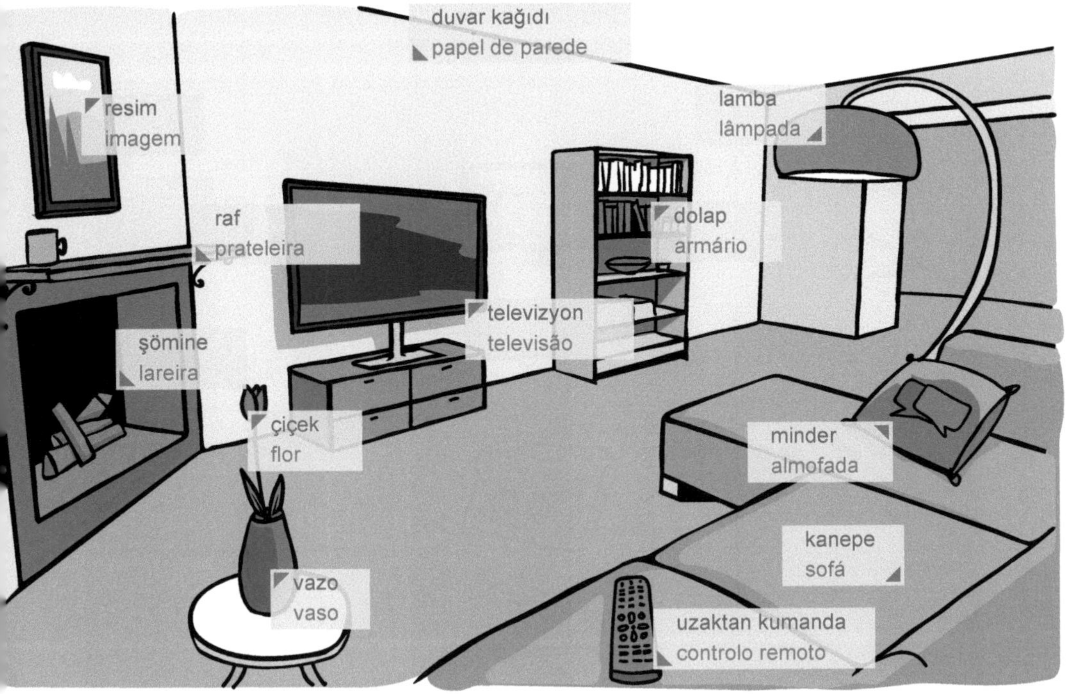

duvar kağıdı
papel de parede
resim
imagem
lamba
lâmpada
raf
prateleira
dolap
armário
televizyon
televisão
şömine
lareira
çiçek
flor
minder
almofada
kanepe
sofá
vazo
vaso
uzaktan kumanda
controlo remoto

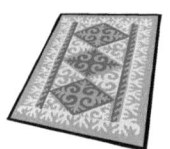

halı

tapete

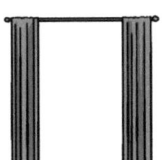

perde

cortina

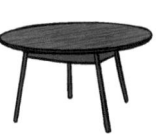

masa

mesa

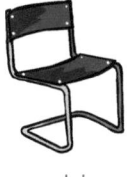

sandalye

cadeira

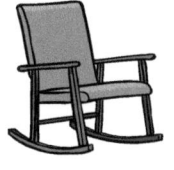

salıncaklı koltuk

cadeira de baloiço

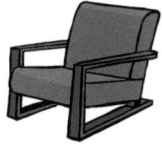

koltuk

poltrona

kitap

livro

battaniye

cobertor

dekor

decoração

odun

lenha

film

filme

hi-fi

sistema estéreo

anahtar

chave

gazete

jornal

tablo

pintura

poster

póster

radyo

rádio

defter

bloco de notas

elektrikli süpürge

aspirador

kaktüs

cato

mum

vela

mutfak
cozinha

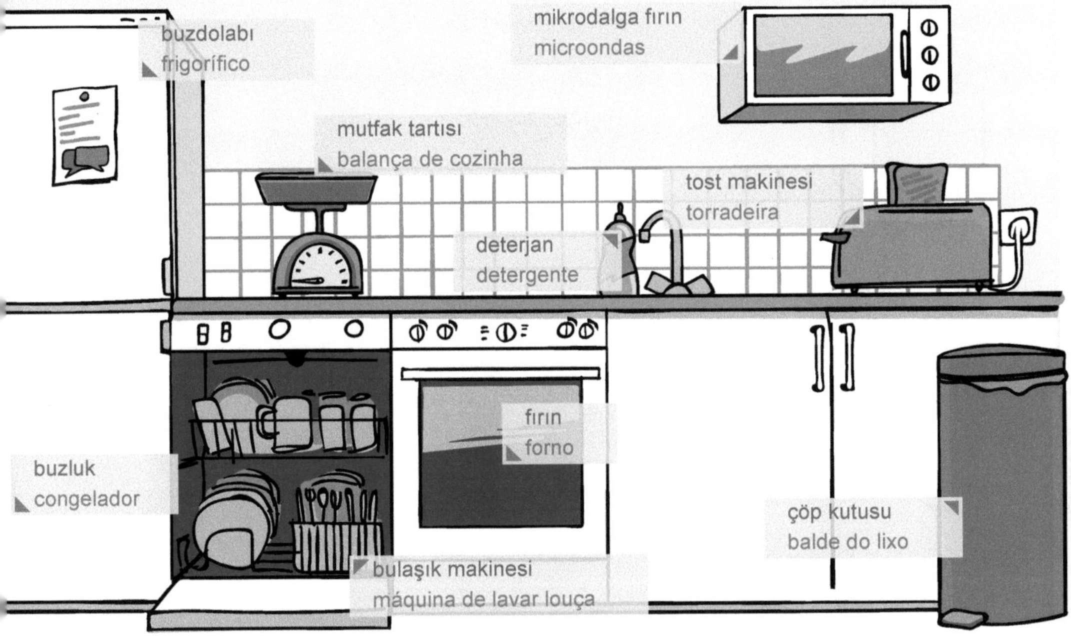

buzdolabı
frigorífico
mikrodalga fırın
microondas
mutfak tartısı
balança de cozinha
tost makinesi
torradeira
deterjan
detergente
fırın
forno
buzluk
congelador
çöp kutusu
balde do lixo
bulaşık makinesi
máquina de lavar louça

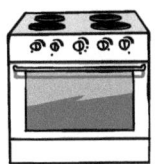

ocak
fogão

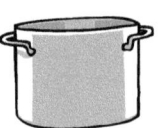

tencere
panela

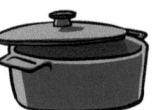

döküm tencere
panela de ferro

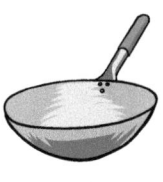

wok
wok / kadai

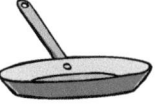

tava
frigideira

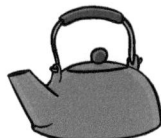

su ısıtıcı
chaleira

buharlı pişirici

panela a vapor

pişirme tepsisi

tabuleiro de forno

tabak takımı

louça

kupa

caneca

kase

tigela

çubuk (çin yemeği)

pauzinhos

kepçe

concha de sopa

spatula

espátula

çırpma teli

batedor de claras

süzgeç

escorredor

elek

peneira

rende

ralador

havan

almofariz

barbekü

churrasqueira

açık ateş

lareira

kesme tahtası

tábua de cortar

merdane

rolo da massa

tirbüşon

saca-rolhas

konserve kutusu

lata

konserve açacağı

abridor de latas

fırın eldiveni

luvas de forno

evye

lava-loiça

fırça

escova

sünger

esponja

blender

liquidificador

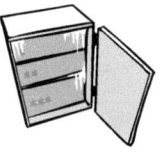

derin dondurucu

arca frigorífica

biberon

biberão

musluk

torneira

banyo
casa de banho

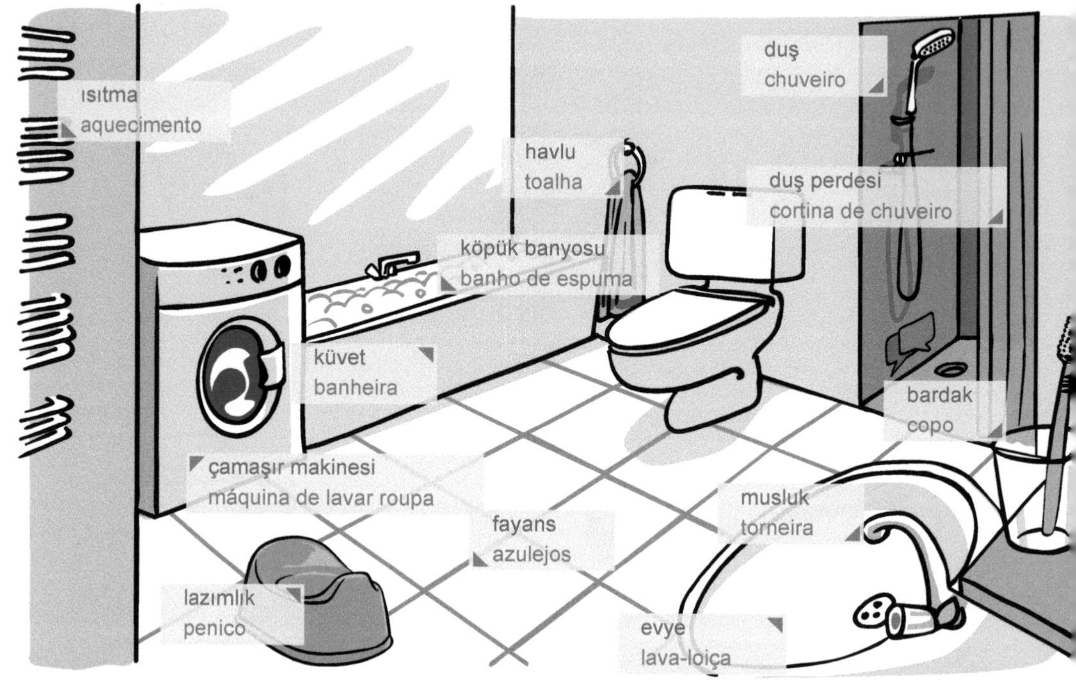

ısıtma
aquecimento
duş
chuveiro
havlu
toalha
duş perdesi
cortina de chuveiro
köpük banyosu
banho de espuma
küvet
banheira
bardak
copo
çamaşır makinesi
máquina de lavar roupa
musluk
torneira
fayans
azulejos
lazımlık
penico
evye
lava-loiça

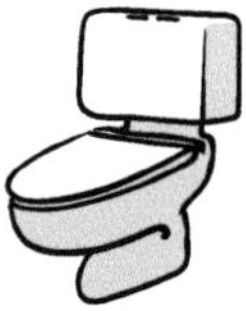

tuvalet
sanita

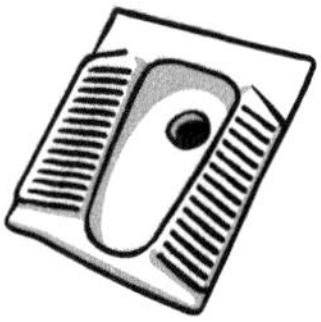

alaturka tuvalet
retrete turca

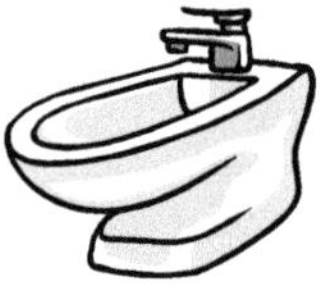

bide
bidé

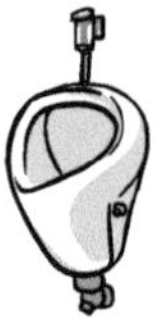

pisuvar
urinol

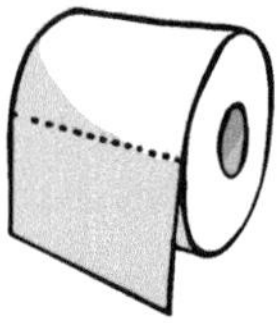

tuvalet kağıdı
papel higiénico

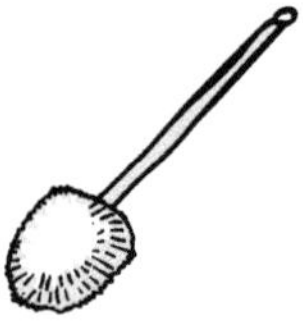

tuvalet fırçası
piaçaba

diş fırçası

escova de dentes

diş macunu

pasta de dentes

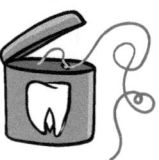

diş ipi

fio dentário

yıkamak

lavar

duş başlığı

chuveiro de mão

duş başlığı şeklinde taharet musluğu

duche íntimo

küvet

bacia

banyo fırçası

escova para as costas

sabun

sabonete

duş jeli

gel de banho

şampuan

champô

banyo lifi

toalha de rosto

gider

escoamento

krem

creme

deodorant

desodorizante

ayna

espelho

el aynası

espelho de mão

jilet

máquina de barbear

tıraş köpüğü

creme de barbear

tıraş losyonu

loção pós-barba

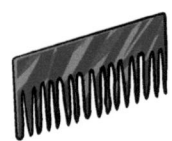

tarak

pente

fırça

escova

saç kurutma makinesi

secador de cabelo

saç spreyi

spray de cabelo

makyaj

maquilhagem

ruj

batom

tırnak cilası

verniz de unhas

pamuk

algodão

tırnak makası

tesoura para unhas

parfüm

perfume

makyaj çantası

nécessaire

tabure

tamborete

tartı

balança

bornoz

roupão de banho

lastik eldiven

luvas de borracha

tampon

tampão

kadın pedi

penso higiénico

kimyevi tuvalet

WC químico

çocuk odası
quarto de criança

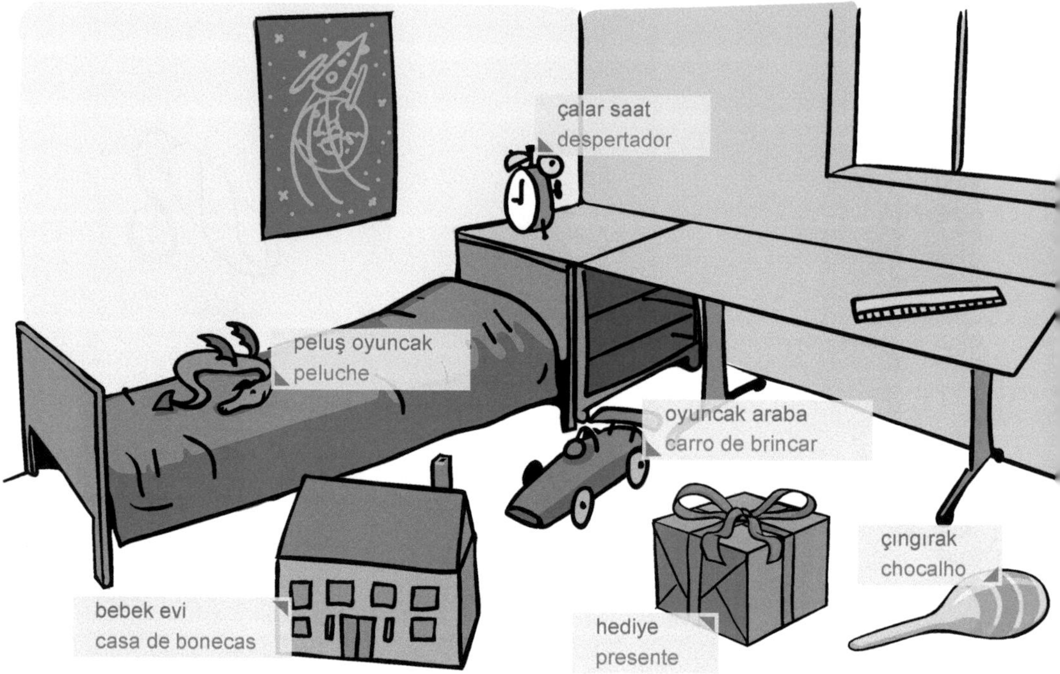
çalar saat
despertador
peluş oyuncak
peluche
oyuncak araba
carro de brincar
çıngırak
chocalho
bebek evi
casa de bonecas
hediye
presente

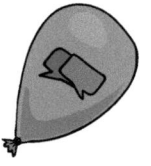

balon
balão

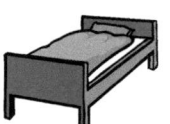

yatak
cama

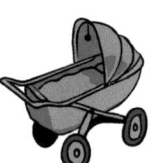

bebek arabası
carrinho de bebé

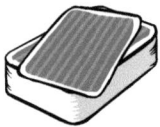

kart destesi
jogo de cartas

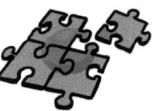

yapboz
quebra-cabeças

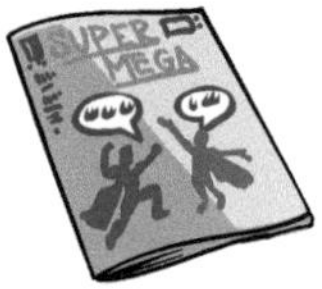

çizgi roman
banda desenhada

lego tuğlaları

peças de Lego

lego blokları

blocos de construção

aksiyon figürü

figura de ação

zıbın

fato de bebé

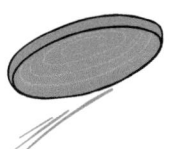

frizbi

Frisbee

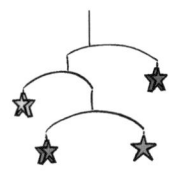

dönence

móbile para bebé

masa oyunu

jogo de tabuleiro

zar

dados

model tren seti

pista de comboio elétrico

emzik

chupeta

parti

festa

resimli kitap

livro ilustrado

top

bola

oyuncak bebek

boneca

oynamak

jogar

kum havuzu

caixa de areia

salıncak

baloiço

oyuncaklar

brinquedos

video oyun konsolu

consola de jogos

üç tekerlekli bisiklet

triciclo

oyuncak ayı

ursinho de peluche

gardırop

guarda-roupa

kıyafet

vestuário

çorap

meias

külotlu çorap

meias pelo joelho

tayt

meias-calças

eşarp
cachecol

şemsiye
guarda-chuva

tişört
t-shirt

kemer
cinto

spor ayakkabı
sapatilhas

bot
botas

terlik
chinelos

sandalet
·················
sandálias

ayakkabı
·················
sapatos

lastik çizme
·················
botas de borracha

külot
·················
cuecas

sütyen
·················
sutiã

yelek
·················
camisola interior

dar bluz

body

pantolon

calças

kot pantolon

calças de ganga

etek

saia

bluz

blusa

gömlek

camisa

kazak

pulôver

süveter

camisola com capuz

blazer

blazer

ceket

casaco

mont

manto

yağmurluk

gabardina

kostüm

traje

elbise

vestido

gelinlik

vestido de casamento

takım elbise

fato

gecelik

camisa de dormir

pijama

pijama

sari

sari

baş örtüsü

lenço de cabeça

türban

turbante

burka

burca

kaftan

cafetã

çarşaf

abaya

mayo

fato de banho

erkek mayosu

calções de banho

şort

calções

eşofman

fato de treino

önlük

avental

eldiven

luvas

kıyafet - vestuário

düğme

botão

gözlük

óculos

bilezik

pulseira

kolye

colar

yüzük

anel

küpe

brinco

kep

boné

portmanto

cabide

şapka

chapéu

kravat

gravata

fermuar

fecho de correr

kask

capacete

pantolon askısı

suspensórios

okul forması

uniforme escolar

üniforma

uniforme

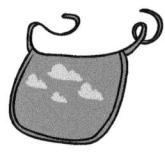

mama önlüğü

babete

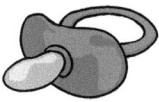

emzik

chupeta

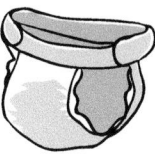

bebek bezi

fralda

ofis

escritório

sunucu
servidor
dosya dolabı
armário de arquivo
yazıcı
impressora
kağıt
papel
monitör
ecrã
fare
rato
masa
secretária
klasör
pasta
klavye
teclado
sandalye
cadeira
kağıt çöp kutusu
cesto de lixo
bilgisayar
computador

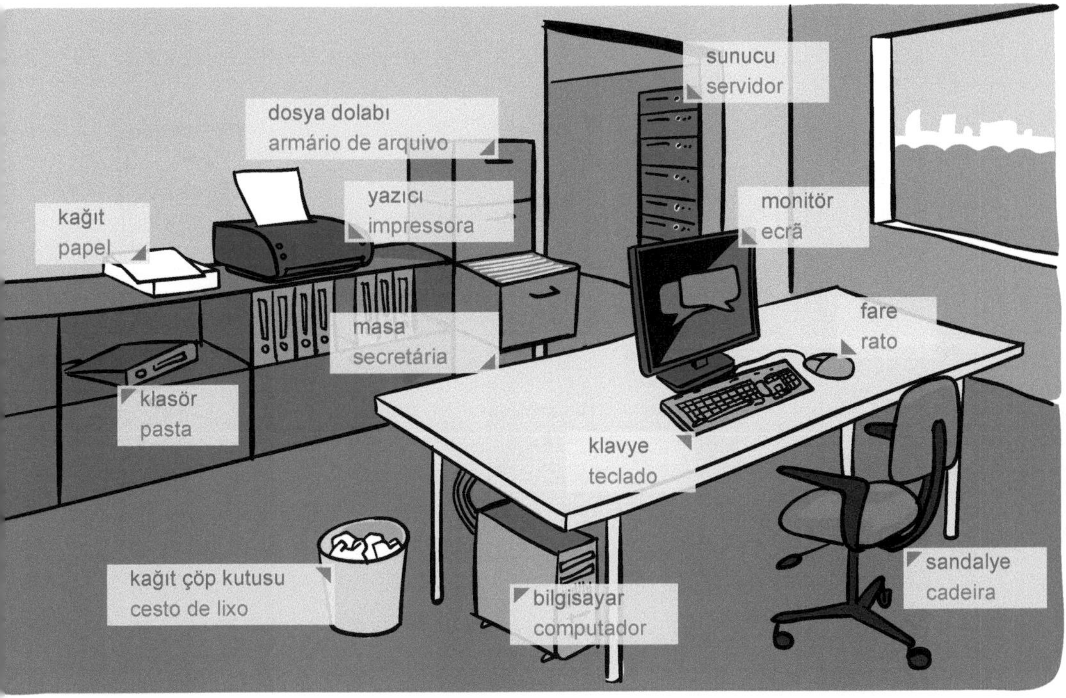

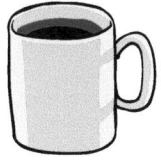

kahve fincanı

caneca de café

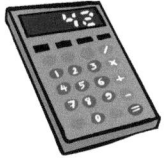

hesap makinesi

calculadora

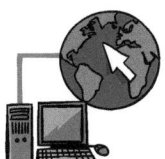

internet

internet

dizüstü

computador portátil

mektup

carta

mesaj

mensagem

cep telefonu

telemóvel

ağ

rede

fotokopi makinesi

fotocopiadora

yazılım

software

telefon

telefone

priz

tomada elétrica

faks makinesi

fax

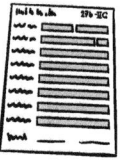

form

formulário

belge

documento

satın almak

comprar

ödemek

pagar

ticaret yapmak

negociar

para

dinheiro

dolar

dólar

avro

euro

yen

yen

ruble

rublo

İsviçre frangı

franco suíço

Çin yuanı

renminbi yuan

rupi

rupia

kasa

caixa de multibanco

döviz bürosu

casa de câmbio

altın

ouro

gümüş

prata

petrol

petróleo

enerji

energia

fiyat

preço

kontrat

contrato

vergi

imposto

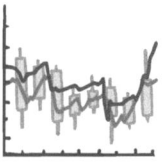

menkul değer

ação

çalışmak

trabalhar

işveren

empregado

işçi

entidade patronal

fabrika

fábrica

mağaza

loja

polis memuru
agente da polícia

itfaiyeci
bombeiro

aşçı
cozinheiro

doktor
médico

pilot
piloto

bahçıvan

jardineiro

marangoz

carpinteiro

terzi

costureira

hakim

juiz

kimyager

químico

aktör

ator

otobüs şoförü

motorista de autocarro

taksi şoförü

motorista de táxi

balıkçı

pescador

temizlikçi

empregada de limpeza

çatı ustası

telhador

garson

empregado de mesa

avcı

caçador

boyacı

pintor

fırıncı

padeiro

elektrikçi

eletricista

inşaatçı

construtor

mühendis

engenheiro

kasap

talhante

muslukçu

canalizador

postacı

carteiro

asker

soldado

mimar

arquiteto

kasiyer

caixa

çiçekçi

florista

kuaför

cabeleireiro

kondüktör

controlador de bilhetes

tamirci

mecânico

kaptan

capitão

dişçi

dentista

bilim insanı

cientista

haham

rabino

imam

imã

keşiş

monge

rahip

pastor

aletler
ferramentas

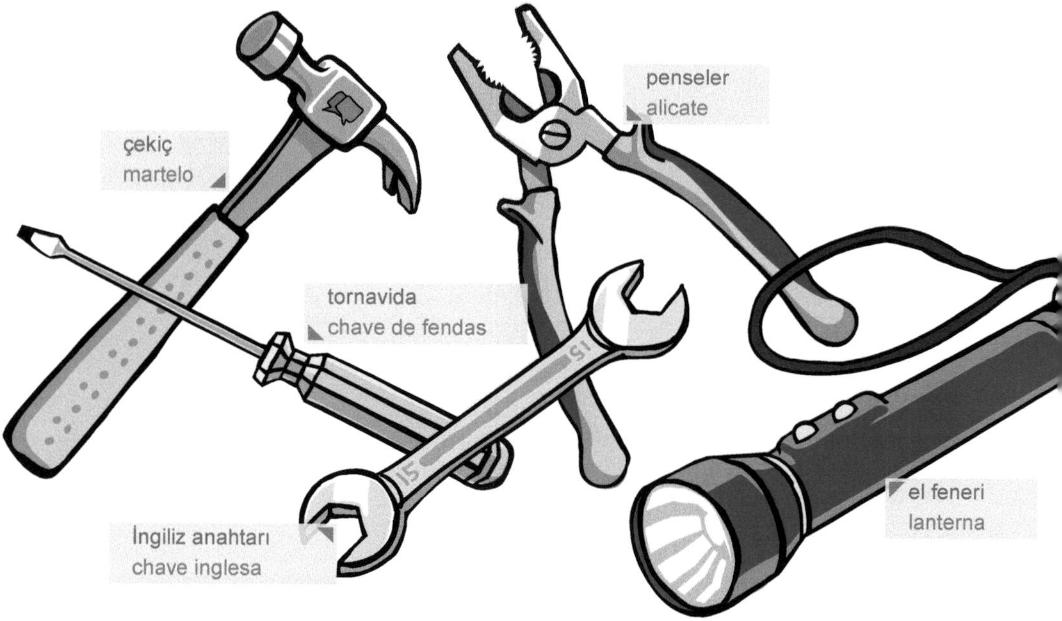
çekiç
martelo
penseler
alicate
tornavida
chave de fendas
İngiliz anahtarı
chave inglesa
el feneri
lanterna

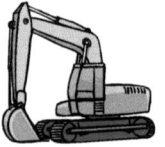

kazı makinesi

escavadora

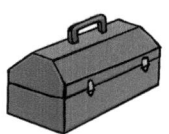

alet çantası

caixa de ferramentas

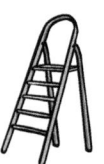

merdiven

escadote

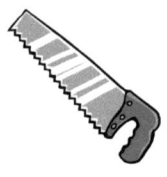

testere

serra

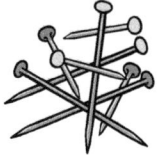

çiviler

pregos

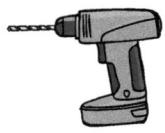

matkap

broca

tamir etmek

reparar

kürek

pá

Kahretsin!

porcaria!

faraş

pá de lixo

boya tenekesi

pote de tinta

vidalar

parafusos

müzik enstrümanı
instrumentos musicais

bateri seti
bateria

hoparlör
altifalante

gitar
guitarra

kontrbas
contrabaixo

trompet
trompete

piyano

piano

keman

violino

basgitar

baixo

timpani

timbales

bateri

tambor

klavye

teclado

saksafon

saxofone

flüt

flauta

mikrofon

microfone

müzik enstrümanı - instrumentos musicais

zoo

giriş
entrada

kaplan
tigre

kafes
gaiola

zebra
zebra

hayvan yemi
ração animal

panda
panda

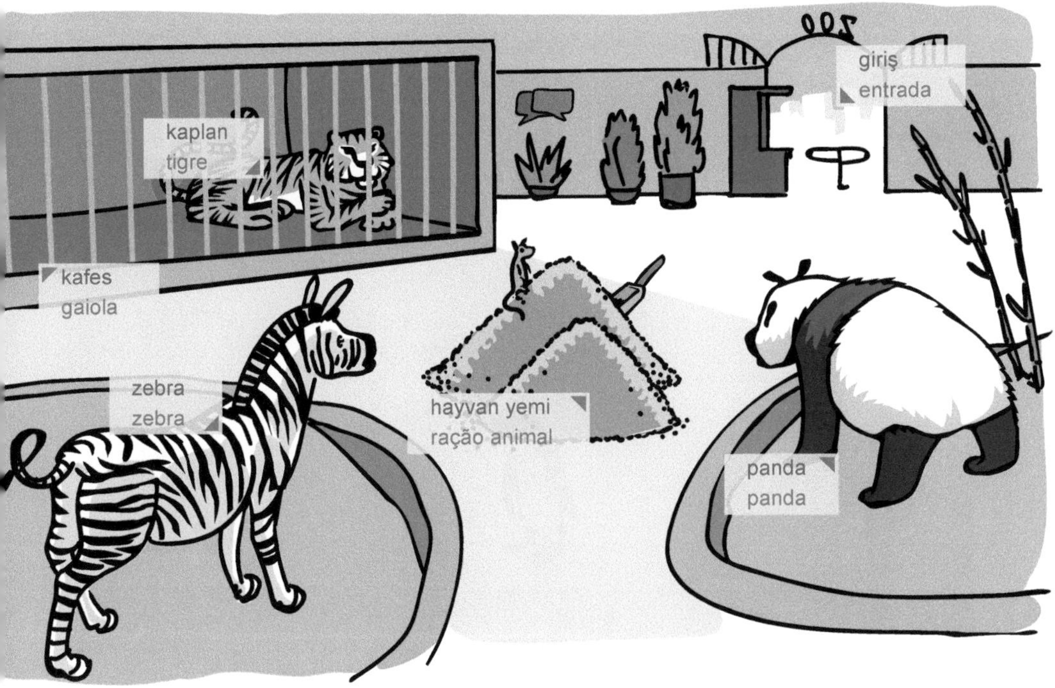

hayvanlar
animais

fil
elefante

kanguru
canguru

gergedan
rinoceronte

goril
gorila

ayı
urso

deve

camelo

deve kuşu

avestruz

aslan

leão

maymun

macaco

flamingo

flamingo

papağan

papagaio

kutup ayısı

urso polar

penguen

pinguim

köpek balığı

tubarão

tavus kuşu

pavão

yılan

cobra

timsah

crocodilo

hayvanat bahçesi görevlisi

guarda do jardim zoológico

fok

foca

jaguar

jaguar

midilli atı

pónei

leopar

leopardo

su aygırı

hipopótamo

zürafa

girafa

kartal

águia

yaban domuzu

javali

balık

peixe

kaplumbağa

tartaruga

mors

morsa

tilki

raposa

ceylan

gazela

amerikan futbolu
futebol americano

bisiklete binme
ciclismo

tenis
ténis

basketbol
basquetebol

yüzme
natação

boks
boxe

buz hokeyi
hóquei no gelo

futbol
futebol

badminton
badminton

atletizm
atletismo

hentbol
andebol

kayak
esqui

polo
polo

etkinlikler
atividades

atlamak
saltar
sarılmak
abraçar
gülmek
rir
yürümek
andar
söylemek
cantar
hayal etmek
sonhar
dua etmek
rezar
öpmek
beijar

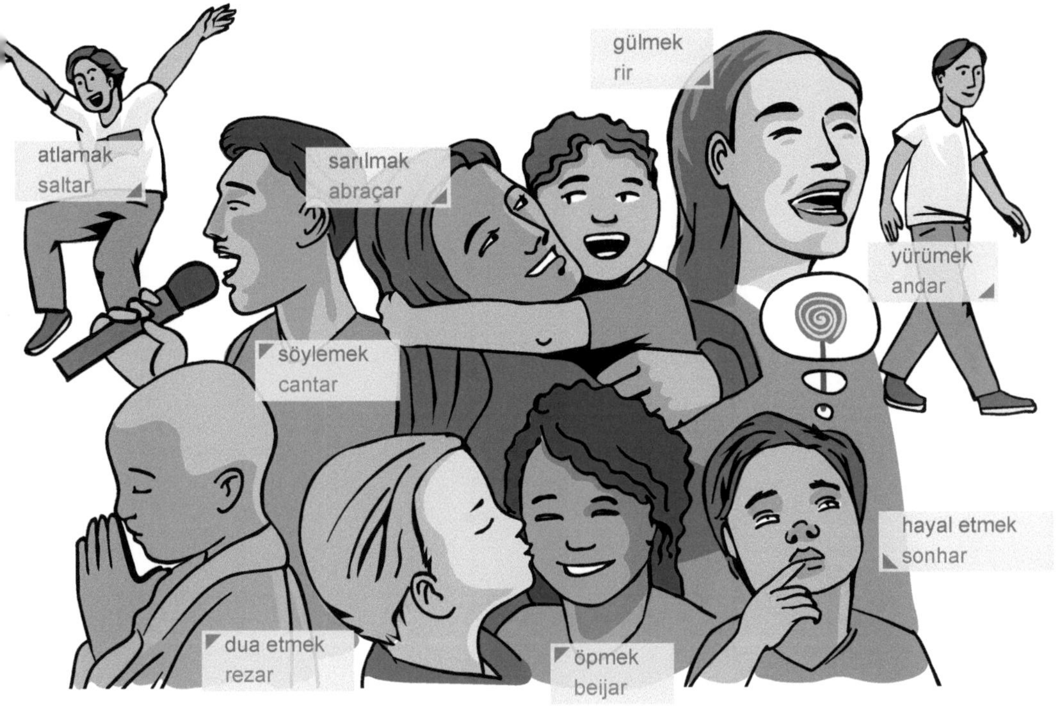

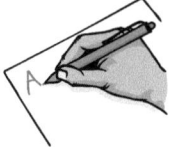

yazmak

escrever

çizmek

desenhar

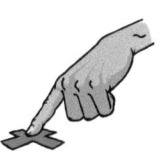

göstermek

mostrar

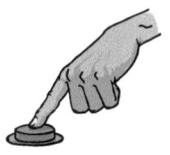

itmek

empurrar

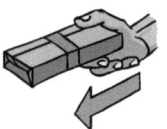

vermek

dar

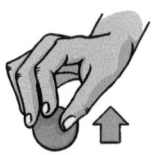

almak

tomar

sahip olmak

ter

yapmak

fazer

olmak

ser

ayakta durmak

ficar de pé

koşmak

correr

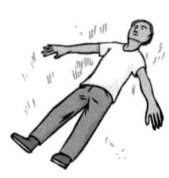

çekmek

puxar

atmak

remessar

düşmek

cair

yalan söylemek

deitar

beklemek

esperar

taşımak

carregar

oturmak

sentar

giyinmek

vestir

uyumak

dormir

uyanmak

acordar

bakmak
olhar para

ağlamak
chorar

vurmak
acariciar

taramak
pentear

konuşmak
falar

anlamak
compreender

sormak
perguntar

dinlemek
ouvir

içmek
beber

yemek
comer

düzenlemek
arrumar

sevmek
amar

pişirmek
cozinhar

sürmek
conduzir

uçmak
voar

denize açılmak

velejar

hesapla

calcular

okumak

ler

öğrenmek

aprender

çalışmak

trabalhar

evlenmek

casar

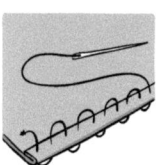

dikmek

costurar

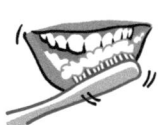

diş fırçalamak

escovar os dentes

öldürmek

matar

sigara içmek

fumar

yollamak

enviar

büyükanne
avó

bebek
bebé

anne
mãe

büyükbaba
avô

baba
pai

kız
filha

oğul
filho

misafir

convidado

teyze

tia

amca

tio

erkek kardeş

irmão

kız kardeş

irmã

vücut

corpo

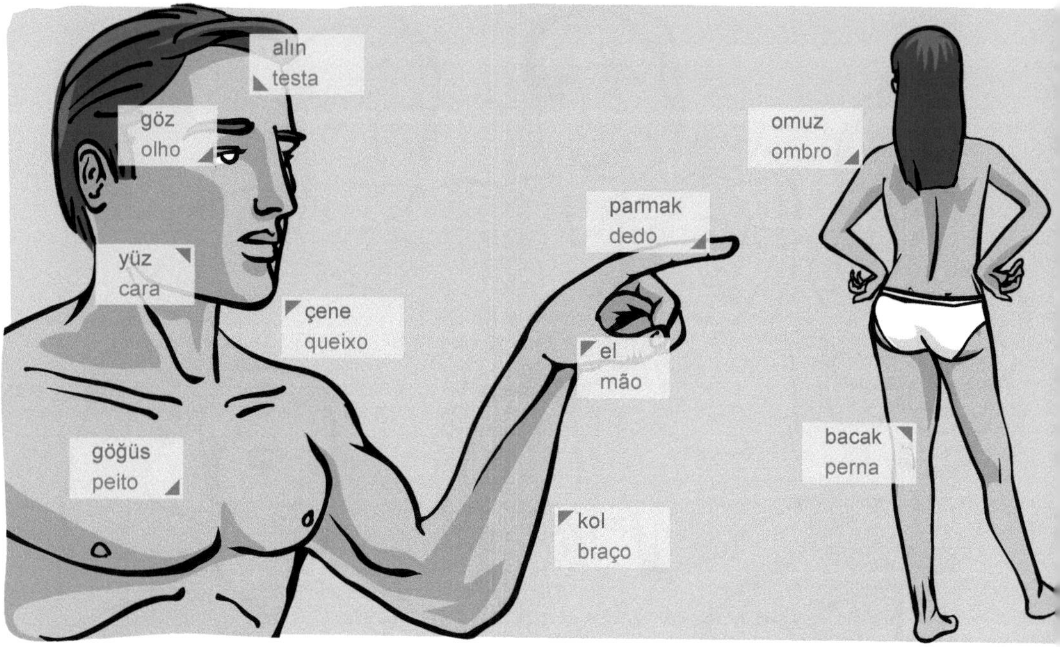

alın
testa

göz
olho

yüz
cara

çene
queixo

göğüs
peito

omuz
ombro

parmak
dedo

el
mão

bacak
perna

kol
braço

bebek

bebé

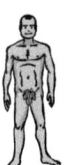

adam

homem

kadın

mulher

kız

menina

erkek çocuk

menino

baş

cabeça

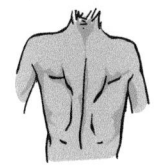

sırt

costas

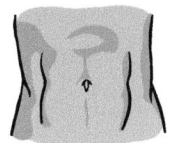

karın

barriga

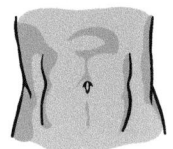

göbek

umbigo

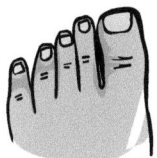

ayak parmağı

dedo do pé

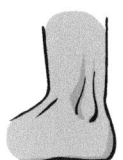

topuk

calcanhar

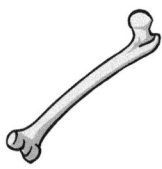

kemik

osso

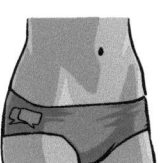

kalça

anca

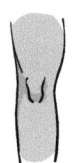

diz

joelho

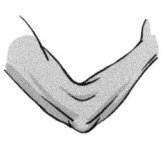

dirsek

cotovelo

burun

nariz

kalça

nádegas

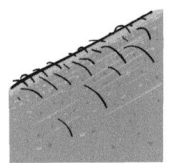

deri

pele

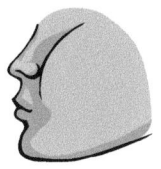

yanak

bochecha

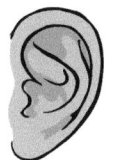

kulak

orelha

dudak

lábio

vücut - corpo

ağız

boca

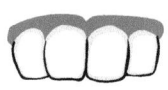

diş

dente

dil

língua

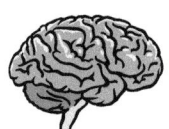

beyin

cérebro

kalp

coração

kas

músculo

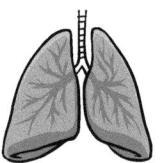

akciğer

pulmão

karaciğer

fígado

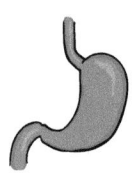

mide

estômago

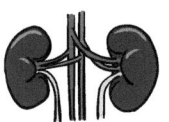

böbrekler

rins

seks

relações sexuais

prezervatif

preservativo

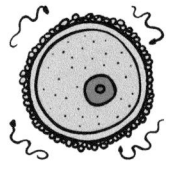

yumurtalık

óvulo

sperm

esperma

hamilelik

gravidez

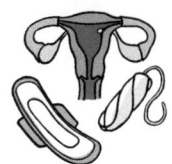

regl

menstruação

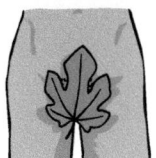

vajina

vagina

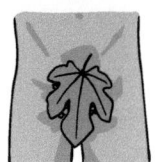

penis

pénis

kaş

sobrancelha

saç

cabelo

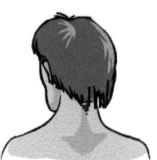

boyun

pescoço

hastane
hospital

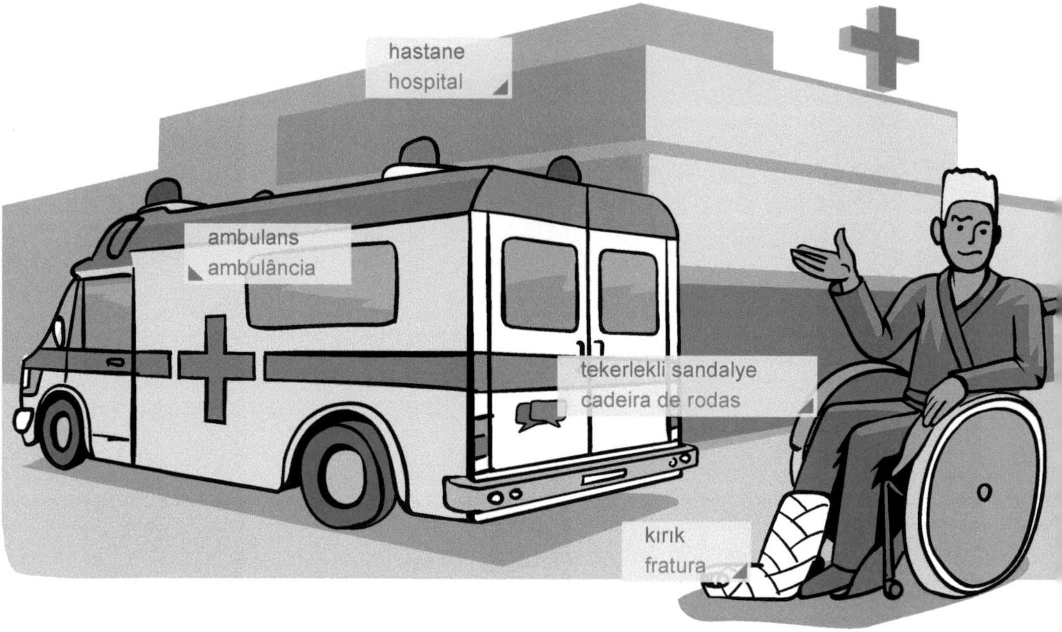

hastane
hospital
ambulans
ambulância
tekerlekli sandalye
cadeira de rodas
kırık
fratura

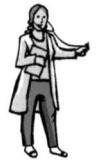

doktor

médico

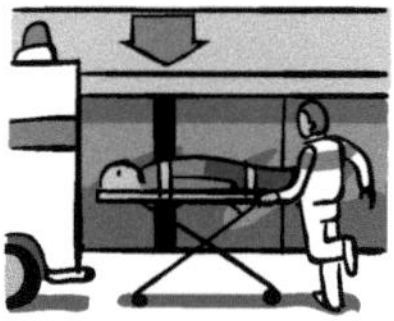

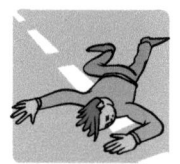

acil servis

serviço de urgências

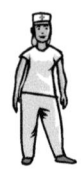

hemşire

enfermeira

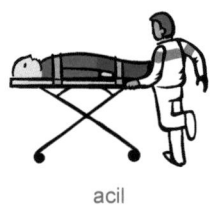

acil

emergência

baygın

inconsciente

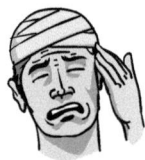

acı

dor

yaralanma

ferimento

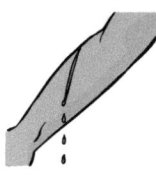

kanama

hemorragia

kalp krizi

ataque cardíaco

felç

acidente vascular cerebral

alerji

alergia

öksürük

tosse

ateş

febre

grip

gripe

ishal

diarreia

baş ağrısı

dor de cabeça

kanser

cancro

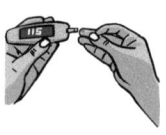

şeker hastalığı

diabetes

cerrah

cirurgião

neşter

bisturi

operasyon

operação

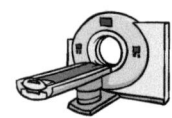

bilgisayarlı tomografi

CT

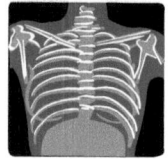

röntgen

raio x

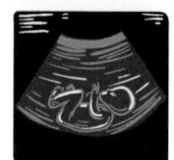

ultrason

ultrassom

yüz maskesi

máscara

hastalık

doença

bekleme odası

sala de espera

koltuk değneği

muleta

yara bandı

penso rápido

bandaj

ligadura

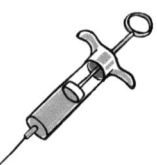

enjeksiyon

injeção

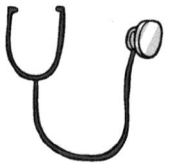

steteskop

estetoscópio

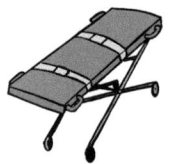

sedye

maca

tıbbi termometre

termómetro

doğum

nascimento

fazla kilo

excesso de peso

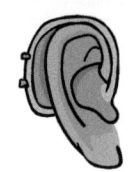

işitme cihazı

aparelho auditivo

dezenfektan

desinfetante

enfeksiyon

infeção

virüs

vírus

HIV / AIDS

HIV / SIDA

ilaç

medicamento

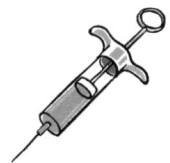

aşı

vacinação

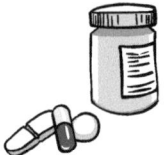

tablet

comprimidos

hap

pílula

acil çağrı

chamada de emergência

tansiyon aleti

dispositivo de medição de
pressão arterial

hasta / sağlıklı

doente / saudável

İmdat!

Socorro!

alarm

alarme

darp

assalto

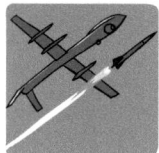

saldırı

ataque

tehlike

perigo

acil çıkış

saída de emergência

Yangın!

Fogo!

yangın tüpü

extintor de incêndios

kaza

acidente

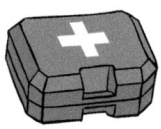

ilk yardım çantası

estojo de primeiros socorros

imdat

SOS

polis

polícia

Avrupa

Europa

Kuzey Amerika

América do Norte

Güney amerika

América do Sul

Afrika

África

Asya

Ásia

Avustralya

Austrália

Atlantik

Atlântico

Pasifik

Pacífico

Hint Okyanusu

Oceano Índico

Antarktika Okyanusu

Oceano Antártico

Arktik Okyanusu

Oceano Ártico

Kuzey Kutbu

Polo Norte

Güney Kutbu

Polo Sul

Antarktika

Antártica

dünya

terra

kara

país

deniz

mar

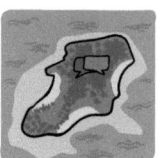

ada

ilha

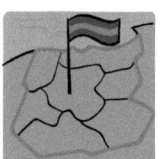

ulus

nação

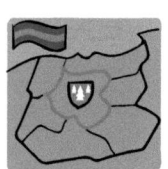

ülke

estado

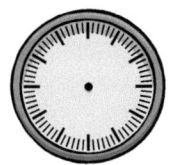

kadran

mostrador do relógio

akrep

ponteiro das horas

yelkovan

ponteiro dos minutos

saniye ibresi

ponteiro dos segundos

Saat kaç?

Que horas são?

gün

dia

zaman

tempo

şimdi

agora

dijital saat

relógio digital

dakika

minuto

saat

hora

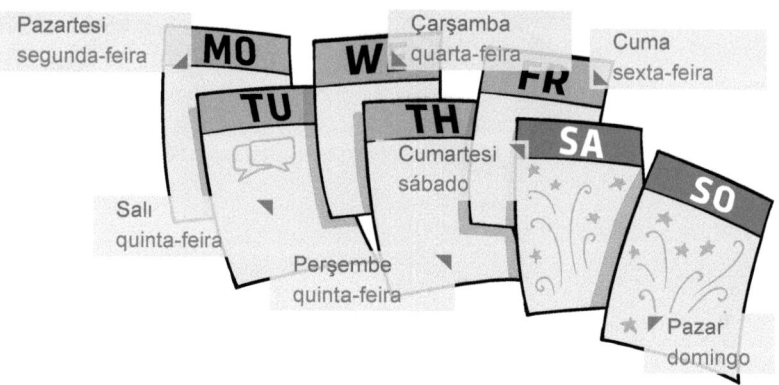

Pazartesi
segunda-feira

Çarşamba
quarta-feira

Cuma
sexta-feira

Salı
quinta-feira

Cumartesi
sábado

Perşembe
quinta-feira

Pazar
domingo

dün

ontem

bugün

hoje

yarın

amanhã

sabah

manhã

öğle

meio-dia

akşam

entardecer

iş günleri

dias úteis

hafta sonu

fim de semana

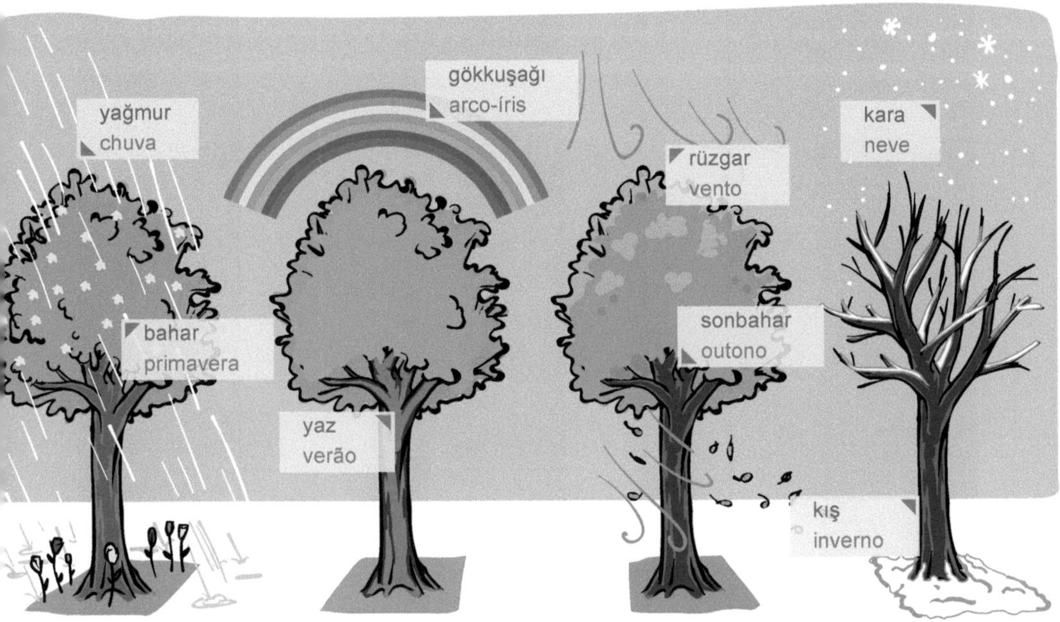

yağmur
chuva

gökkuşağı
arco-íris

rüzgar
vento

kara
neve

bahar
primavera

yaz
verão

sonbahar
outono

kış
inverno

4.APRIL	11°	☀
5.APRIL	4°	☁
6.APRIL	13°	☂
7.APRIL	8°	❄
8.APRIL	10°	☀

hava durumu tahmini
....
previsão do tempo

termometre
....
termómetro

güneş ışığı
....
raios de sol

bulut
....
nuvem

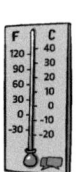

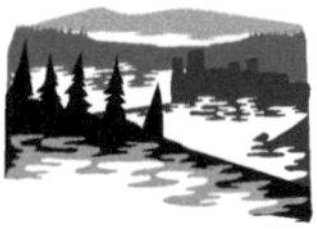

sis
....
neblina / nevoeiro

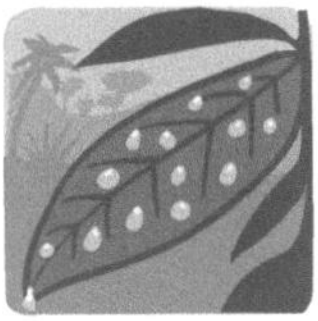

nem
....
humidade do ar

şimşek

relâmpago

gök gürültüsü

trovão

fırtına

tempestade

dolu

granizo

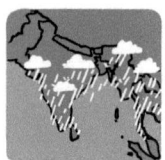

muson

monção

sel

inundação

buz

gelo

Ocak

janeiro

Şubat

fevereiro

Mart

março

Nisan

abril

Mayıs

maio

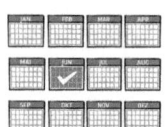

Haziran

junho

Temmuz

julho

Ağustos

agosto

yıl - ano

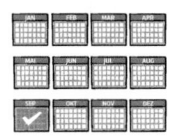

Eylül
....
setembro

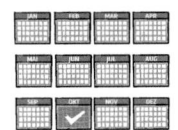

Ekim
....
outubro

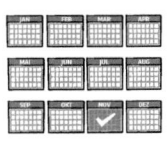

Kasım
....
novembro

Aralık
....
dezembro

şekiller
formas

daire
....
círculo

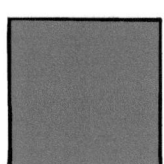

kare
....
quadrado

dikdörtgen
....
retângulo

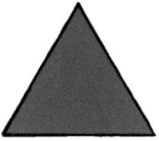

üçgen
....
triângulo

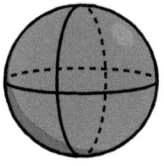

küre
....
esfera

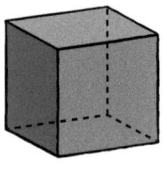

küp
....
cubo

beyaz

branco

sarı

amarelo

turuncu

laranja

pembe

rosa

kırmızı

vermelho

mor

lilás

mavi

azul

yeşil

verde

kahverengi

castanho

gri

cinzento

siyah

preto

çok / az

muito / pouco

kızgın / sakin

furioso / calmo

güzel / çirkin

lindo / feio

başlangıç / son

princípio / fim

büyük / küçük

grande / pequeno

parlak / karanlık

claro / escuro

erkek kardeş / kız kardeş

irmão / irmã

temiz / kirli

limpo / sujo

tamam / eksik

completo / incompleto

gün / gece

dia / noite

ölü / canlı

morto / vivo

geniş / dar

largo / estreito

yenilebilir / yenilemez

comestível / não comestível

kötü / iyi

mau / gentil

heyecanlı / sıkılmış

entusiasmado / entediado

şişman / zayıf

gordo / magro

ilk / son

primeiro / último

dost / düşman

amigo / inimigo

dolu / boş

cheio / vazio

sert / yumuşak

duro / macio

ağır / hafif

pesado / leve

açlık / susuzluk

fome / sede

hasta / sağlıklı

doente / saudável

yasa dışı / yasal

ilegal / legal

zeki / aptal

inteligente / burro

sol / sağ

esquerda / direita

yakın / uzak

perto / longe

yeni / kullanılmış

novo / usado

hiçbir şey / bir şey

nada / algo

yaşlı / genç

velho / jovem

açma / kapama

ligado / desligado

açık / kapalı

aberto / fechado

sessiz / gürültülü

baixo / alto

zengin / fakir

rico / pobre

doğru / yanlış

certo / errado

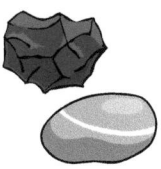

pürüzlü / düz

áspero / liso

üzgün / mutlu

triste / feliz

kısa / uzun

curto / longo

yavaş / hızlı

lento / rápido

ıslak / kuru

molhado / seco

sıcak / serin

ameno / fresco

savaş / barış

guerra / paz

sayılar

números

0	**1**	**2**
sıfır	bir	iki
zero	um	dois
3	**4**	**5**
üç	dört	beş
três	quatro	cinco
6	**7**	**8**
altı	yedi	sekiz
seis	sete	oito
9	**10**	**11**
dokuz	on	on bir
nove	dez	onze

12

on iki
doze

13

on üç
treze

14

on dört
catorze

15

on beş
quinze

16

on altı
dezasseis

17

on yedi
dezassete

18

on sekiz
dezoito

19

on dokuz
dezanove

20

yirmi
vinte

100

yüz
cem

1.000

bin
mil

1.000.000

milyon
milhão

İngilizce

inglês

Amerikan İngilizcesi

inglês americano

Çince (Mandarin)

chinês mandarim

Hintçe

hindi

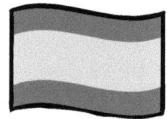

İspanyolca

espanhol

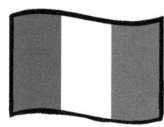

Fransızca

francês

Arapça

árabe

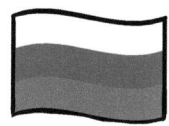

Rusça

russo

Portekizce

português

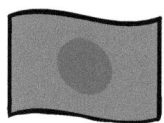

Bengalce

bengalês

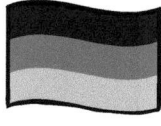

Almanca

alemão

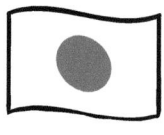

Japonca

japonês

ben
....
eu

sen
....
tu

o
....
ele / ela

biz
....
nós

siz
....
vós

onlar
....
eles / elas

kim?
....
quem?

ne?
....
o quê?

nasıl?
....
como?

nerede?
....
onde?

ne zaman?
....
quando?

isim
....
nome

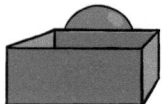

arkasında
....
atrás

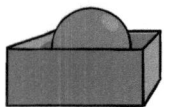

içinde
....
em

önünde
....
à frente de

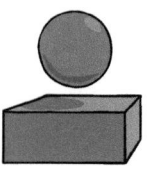

üzerinde
....
sobre

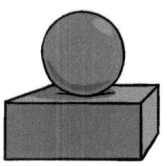

üstünde
....
em cima

altında
....
debaixo

yanında
....
ao lado

arasında
....
entre

yer
....
lugar